AF291572

FIVE SCENES FROM A
FAILED REVOLUTION

خمسة مشاهد لثورة فاشلة

Ashur Etwebi
FIVE SCENES FROM A FAILED REVOLUTION

خمسة مشاهد لثورة فاشلة

Translated by the author
and James Byrne

with an introduction by
Khaled Mattawa

PUBLICATIONS
2022

Published by Arc Publications,
Nanholme Mill, Shaw Wood Road
Todmorden OL14 6DA, UK
www.arcpublications.co.uk

978 1910345 72 6 (pbk)

Design by Tony Ward
Cover design by Tony Ward
Printed in Great Britain by
TJ Books, Padstow, Cornwall

Cover image:
Sculpture of Bullets by Mohammad Bin Lamin
by kind permission of the artist

ACKNOWLEDGEMENTS
The publishers thank the editors of the magazines in which the
following poems first appeared: 'Borders', 'Things You Can
Hear', 'Tawirghaa' and 'A Dog hides its Tail in the Darkness of
Night' in *Asymptote*; 'Norwegian Blues', 'Sunday', 'A Bell tolls
on the Mountain', 'Tadrart' and 'Behind Dusty Checkpoints'
in *Banipal*; 'A Hot Afternoon' and 'Granite' in *Modern Poetry in
Translation*; and 'How Can You recognise a Blue Morning?' and
'Ars Poetica' in *World Literature Today.* '

A blue rope in his foot' and 'Wind, just for the refugee' were
published in https://forfatternesklimaaksjon.no/.

'We Entered Tripoli' was included as part of the 'Dial-a-Poem'
sound archive project, created by Nottingham Trent University
which is accessed as a 'phone book' and available via the Crossed
Lines website: www.crossedlines.co.uk/the-phone-book/

'Arc Translations'
Series Editor: Jean Boase-Beier

فهرس / CONTENTS

Preface / 9

So, stand fast there young old mule
Soothe in contemplation
That burning whole and aching thigh
Your stubbornness is ever living
And cool anxiety is about to die.

CHARLES MINGUS

A highly moving and impressive achievement, Ashur Etwebi's *Five Scenes from a Failed Revolution* is the first accomplished book of poetry that addresses the Arab revolts of 2011. The exuberant and ultimately heart-breaking cycle of turmoil that came be known, not with little sarcasm now, as the Arab Spring, was characterized by an upsurge of creativity and the unleashing of many hidden talents in video art, graffiti, cinema, visual arts, and music, but not poetry, as if our ancient art form had insisted on waiting, resisting the temptations of propaganda and false prophesizing. Yet at last, we now have in Etwebi's *Five Scenes*, a triumph of a book that renders the various landscapes of the poet's recent life, his home village in Libya, his city, and his exile in Norway; and many of his life's incidents, revelations, joys, and sorrows.

Adhering to Emily Dickinson's dictum to tell the truth and to tell it slant, Etwebi takes the less travelled road to tell the story of his nation's travails, and his own losses in a civil war that led to his sudden flight out of his home, set afire by militias. Most remarkably, Etwebi maintains his composure as a lyric poet, and like his countryman Callimachus, eschews the epic, insisting on distilled moments of revelation while addressing his nation's most turbulent epochs. In that sense, the poems provide solace and rejuvenate, holding on to memory and the purity of their anguish. This is a stunning, beautiful book, one I've been awaiting for a long time.

Khaled Mattawa

FIVE SCENES FROM A FAILED REVOLUTION
خمسة مشاهد لثورة فاشلة

وطن

لأن في ليبيا لا يوجد نهر، لا أعرف صوت النهر.
لأن في ليبيا لا يوجد ثلج، لا أعرف رائحة الثلج.

لكنّي أعرف:
الزعتر البرّي، في الجبل،
عواء الريح، في الخلاء،
هشاشة التين، في أغسطس،
هدير البحر، آن تغادر الأرواح،
غضب الإبل، آن ينتهي الشتاء،
خطوات الليبي القصيرة ويديه الفارغتين.

مُقفلٌ، بابُ هذه الأغنية.
ثقيلٌ، عشق هذه البلاد.

دخلنا إلى طرابلس

1

عندما، دخلنا طرابلس -كان ذلك ليلاً- لا ماء ولا طعام. لم، أكُ أعرف، كيف، يصغر الأمل حتى يصير، كحبة لوز، تسقط، على جانب الطريق، بلا صوت! قال، لنا المهرب، من الجنوب الليبي: عليكم باليقظة، في طرابلس، في كلّ زقاق، ذئب، وفي كلّ منعطف، ضبع ذميم. الناس، في طرابلس، يمشون، كأن، ثقلاً يشدهم، إلى الأسفل أو كأن، الأقدام تتعثر، في نفسها. في طرابلس، لا نساء، في الشوارع، ليلاً. في طرابلس، الخوف، سيّد، والوجوه، الضائعة، تتطلّع من وراء النوافذ.
عندما تصل، ارفع، الأغنية عاليًا، يا فتى، سترى، من بعيد، كيف، يتحوّل، فتات الخبز أزهار تغطّي الأرض والسماء، كيف يرخي النعاس حِباله ويجرّ الحكايات كنتُ، على الزورق، قشعة، ضوء. خبطة، قدرٍ، عشواء.

HOME

Because in Libya there's no river, I don't know the sound of river.
Because in Libya there's no snow, I don't know the smell of snow.

But I do know:
the wild thyme in the mountain,
the wind wailing in a wasteland,
the fragility of fig trees in August,
the rumbling of the sea when the dead depart,
the rage of camels when winter ends,
the narrow steps of Libyans with empty hands.

The door of this old song is closed.
The love of this land is heavy.

WE ENTERED TRIPOLI

1

We entered Tripoli in the dark. No water, no food. I didn't know that hope could diminish like an almond falling soundless on the side of a road. The smuggler, a Southern Libyan, told us: be vigilant, in Tripoli, there's a wolf in every alley, there is on the bend of every road a fierce hyena. In Tripoli, the people walk as if burdened, their feet drag them down, trip over themselves. In Tripoli, at night, there are no women in the streets. In Tripoli, fear is the master, the eyes of lost faces stare from windows. When you arrive, sing loud, boy, you will see from far away how a crumb of bread can flower, covering the sky and the earth. Sleep will unravel your ropes and bind your book with stories. I was there on the boat. A light-flash. The randomness of fate.

في طرابلس، كنا، كقطع اسفنج، مغموسة، في الماء. يتبادلنا المهربون بينهم، كما يتبادل المصلون، الدعوات، يوم الجمعة. في بيت، خرب، في سَفَرْتَح . شجرة زيتون، عطشانة. أدخلونا فيه، ليلاً، ثم، أقفلوا الباب، ورحلوا. لا كهرباء، لا شموع، لا ماء، لا مرحاض، فقط، بيت، في الجحيم. كيف، ينام المرء، في الجحيم؟

2

حطّت الجوارح، على ساحل، بحرنا. من مخالبها، تتدلّى، أرواحُ بشرٍ الناجون، تفرّقوا في شوارع المدينة الظالم أهلها.

- هل تعلم، أين قلب المدينة؟
- في الساحة أو في المسجد الجامع.
- هل تعلم، أين أسمع قلب المدينة؟
- في سوقٍ، في مخبزةٍ أو في حانة.
- أين بيتٍ، الحاكم؟
- هناك، في أعلى، الهضبة.
- ستعش، حياة طويلة يا بني!

3

الطائر، الأزرق ،تجذبه أشياء، صغيرة:

رائحة قهوة ليل
صفير قصبة واد
نداء سردوك وحيد
كحّة عامل ميناء
صمت جسدٍ يهرم

هذا ما أخبرنا به، عامل المقهى، في مرفأ الجزيرة-
هو، لم يكن، في حاجة، لأكثر، من التفاتة، ليرى المذبحة.

In Tripoli, we were like a soaked sponge. Exchanged among smugglers like Friday prayers. In a ruined house, in a wasteland. A thirsting olive tree. They took us to the house at night, locked the door and left. No electricity, no candles, no running water, no toilet, only a house in hell. How can anyone sleep in hell?

2

Vultures landed on our shore. Souls hanging from their claws. Those who survived scattered the evil streets.

– Do you know your way to the heart of the city?
– The main square or the mosque.
– Where can I hear the heart of the city?
– In the market, in the bakery, or in the tavern.
– Where is the house of the governor?
– It's there, on top of hill.
– You will live a long life, my boy!

3

The blue bird is fascinated by small things:

The smell of night coffee
The whistle of a valley's reed
The call of a lonely cockerel
The cough of a dock worker
The silence of an ageing body

That's what the waiter at the bay café told us—
He only needed to tilt his head to witness a massacre.

أنا، الطائر الأزرق،
المقيّد، على صاري القارب.
لا أملك، سوى أحلام، أهزم بها الموت،
وقلبٍ، مُدّد، على شاطيء فارغ.

- لك، جوزة بندق، ولي، كأس شاي بارد.
لم، نعد نأكل السمك، له، طعم البشر.

الفراشات، تغطي، جسد المرأة العاري.
امرأة، من مالي أو من أغاديس.

- من أين، تخرج، كلّ هاته الفراشات؟
- من قلب، إله حزين.

اعترافات

أنا، مَن، أخذ شجرة التين، إلى ساقية السكينة.
أنا، مَن، أعطى الشمس، شجاها وخمرها.

أنا، مَن، ظنّ أن ورود الثورة، سُرقت، من حديقة الملك.
أنا، مَن، جرّ ليلَ أسلافه، بحبلٍ مربوطٍ، في عنقه

أنا، مَن، رأى كيف، جفّتْ البلاد وذوتْ، كصيص، أطاح به عجاج
أنا، مَن، وضع أرقام، التوابيت وأسماء، الموتى.

أنا، مَن، نسي كلّ شيءٍ.
انا، مَن، قرأ شِعره، في قاعةٍ فارغةٍ، ويده فوق رأسه

Dreams are all I own. I, the blue bird,
Tied to the mast of the boat.
With them I can rout death.
The heart lays down on its empty shore.

– A chestnut for you, a cold cup of tea for me.
– We stopped eating fish, because it tasted like human flesh

Butterflies cover the woman's naked body.
She could be from Mali, could be from Agadez.

– Where do all these butterflies come from?
– From the heart of a sorrowful God.

CONFESSIONS

It was me who carried a fig tree to the canal of tranquillity.
It was me who gave the sunset its sorrow and wine.

It was me who knew the revolution's flowers were stolen from
    the king's garden.
It was me who pulled the ancestry of night with a rope around
    my neck.

It was me who saw the country dried up as if hit by the Ghibli.
It was me who wrote numbers on the coffins and named the dead.

It was me who forgot everything.
It was me who read poetry to an empty hall with a hand on
    his head.

أنا مَن، شدّه الحنينُ، إلى شجرةٍ، في قريةٍ، بعيدةٍ.
أنا مَن، مشى طليقاً، كمجاز.
أنا مَن، قدمه في نهار وقدمه الأخرى، في ليل بهيم.
أنا مَن، سرق الفاكهة، من الحديقة العامّة، وضرط عالياً، في الطريق العام.

الحدود

لثلاثين عاماً، لم أستطع، عبور خطوتين
من الساحة العامّة،

أو أشارك، المبنوذين، رقصة الوداع.
لثلاثين عاماً، لم أفهم، شهقة الله.
ملأتُ كفّي، بثلج ليلةٍ تحتضر.

رجال الشرطة، أشاروا ببنادقهم، إلى وجوهٍ تتلاشى ببطء
أشاروا، إلى أكياس، حزن وأشلاء.

ليس، لأن اللغة، عبرت عتبة القطار الكئيب.
ليس، لأن الأحلام، غنّتْ أغنية القنديل القديمة.
لا، لا، ليس ...

عند الظهيرة تماماً، الظلالُ، نزلت المنحدر، ورحلت.
الرجال، جميعهم، رحلوا.
النساء والأطفال، جميعهم، رحلوا.

عند الظهيرة تماماً، جاء موتٌ.
وجاء موتٌ أخر وموتٌ آخرُ...

It was me who was struck by the nostalgia of a tree in a distant village.
It was me who walked freely as a metaphor.

It was me who had one foot in the day and the other in the night
It was me who stole fruit from the public gardens and farted loudly in
    the streets.

BORDERS

For thirty years I couldn't cross two steps
from the public square,

or share the parting dance of the homeless.
For thirty years, I didn't understand God's groans.
I filled my hands with the snow of a gasping night.

The policemen pointed rifles into faceless people,
pointed to the sacks of body parts.

It wasn't language that boarded the train.
It wasn't dreams that sang in the lantern's song.
No, no. It wasn't that…

At noon, shadows descended the slope and disappeared.
All the men were gone.
The women and children gone.

At noon, death came.
And another death and another…

موت بنكهة النعناع

النوم، ساق نعناع.
لا يُرى، إلا، على رقاد. هذه، ضجعة الأنبياء.

النوم، كونٌ دُوِّر وفناءٌ مبسوط.
النوم، وعاءُ كلامٍ، وعاءُ صور وحاملُ أختام.

أحياناً، يقف، قبالة الشمس،
يداه، أريكةٌ، عليها، تقعد الكائنات.

لك، أن تختار، بين جَنّةٍ وثورٍ.
يفرشُ، الطائر جناحيه، في سَماء شاسعة،
ويحملُ الثورُ الشمس، بلا تعبٍ

صعبٌ، أن أختار، بين خلع ردائي وبين أن، ارتدي عريي.
بابٌ، أشدُّ مكراً منّي، بقلبين.

ينتابني، حدسٌ، كأنّ نومي، ضفيرةُ مطر،
وكأنّ الهوى، غناءٌ معلّقٌ، في مناقير الطيور.
كأنّي خيطٌ، تدلّى، من سماءٍ مشقوقةٍ.

الليلُ، حائطٌ أضع، عليه شجني،
أصعد أو لا أصعد. ذلك، خيار لا آخذه ولا أتركه.

DEATH, PEPPERMINT FLAVOURED

Sleep is the stem of a peppermint.
It can only be seen horizontally.

Sleep is the roundness of the universe. Sleep is a stretched
    courtyard.
Sleep, the jar of language. Sleep, a box of photographs.
Sleep, the crown seal.

Sometimes, facing the sun,
the hands of sleep became a sofa where every creature sat.

It's difficult to choose between a bird and a bull.
The bird spreads its wings in a vast sky,
and the bull carries the sun tirelessly.

Difficult to choose between wearing my clothes or wearing
    nakedness.
A door is cleverer than me, it has two hearts.

Often, I feel my sleep is like rain,
and my desire is song tangled in the beaks of birds.
I am like a robe hanging from a crack in the sky.

On the wall of night, I lay down my blues.
To ascend or descend. Choices I neither take, nor leave behind.

يوم أحد

حائطٌ متهدّم، عودُ ثقاب، ولفّافة تبغ ملقاة.
سكينةُ الصباح، موحشة، كالمرأة في الإعلان التليفزيوني.

النفيرُ الأخيرُ، يقشّر الندى، من شفتيك،
ويقشّر النعاس، الأسير، في دارك.

انتظرني، أقبض لهفةَ أغنية،
أكادُ أقفزُ، انتظرني.

أمس، حلمتُ بالنار، تشقّ القمر.
أمس، ارتديتُ جوربي، عند غروب الشمس.

كم مرّة، رأيتُ أشجارًا، واقفةً، في الطريق؟
كم مرّة، رأتني الأشجار، واقفًا، في الطريق؟

أشجار، عارية، في كلّ خريف،
تمرّ بها الغربان، الكلاب، البشرُ.

هذا يومُ أحد، يشبه، يوم أحدٍ مضى.
هذه شمسٌ باردة، على إفريز، نافذة مطبخ.

أشياء يمكن سماعها

الطريق، إلى القلب، لا تذهب إليه، على ظهر بعير
الطريق، إلى القلب، لا تذهب إليه، على ظهر منام

أشياء، يمكن سماعها، في النعاس الشفيف:
دحرجة الكرة، بين أقدام صبية،

SUNDAY

A smashed wall, a matchstick, a cigarette butt.
Stillness of morning, lonely as the woman on the TV ad.

A last call shucks the dew from your lips,
and the sleep trapped in your house.

Wait for me to catch the urgency of song,
I am ready to leap, wait for me.

Last night, I dreamt of fire slashing the moon.
Last night, I put on my socks at sunset.

How often have I seen trees standing beside the road?
How often have trees seen me standing beside the road?

Bare trees, in every autumn,
bypassed by crows, dogs, humans.

Sunday, the same as last Sunday.
Cold sun on the pane of a kitchen window.

THINGS YOU CAN HEAR

The road to the heart cannot be taken on a camel.
The road to the heart cannot be taken on a dream.

When dozy, many things can be heard:
the rolling of a football between children's feet,

تكسّر حصاة، تسقط، من سقف بيت،
خفق، أجنحة طيور، في طريقها إلى الجنوب،
زفرة عجوز، في شرفة، بيت كبير،
خشخشة عشّ طائر،
شجرة، مشمش، تزهرُ أول مرّة.

من نافذة العالم، أرى:
ظُلمة الليل، الموحشة،
العسس وصافراتهم،
أزهارَ على الضفّة الأخرى،
ورجلاً يتبعني.

تحت وسادتي، أخبىء شمساً، آنَ، تصعدُ
تصغر وتصغرُ.

الهوى حصّادُ ريح

الهوى، حصّادُ ريح.
الهوى، شريكُ إله أعمى.
الهوى، أخدود نار.

البيداء، عازفٌ، يميل، على همهمة.
الندى، أشياءٌ، تنهض، من رقدتها.
الوادي، طريدٌ، ملقى، تحت شجرة.

...إنّي، أسمعُ، دقّ طبولٍ...

يا طائرُ، هذا رأسكَ، على زجاج النافذة.
هذه آخر الرشفات، من هواء نرويجي، باردٍ، ارتشفْها، قليلاً قليلاً.

the cracking of a pebble from the roof of a house,
the trembling of a birds' wing migrating south,
the sigh of an old woman, sitting on the porch of a grand house,
the squeaking of a nest,
the first blossoming of the apricot tree.

From the world's window,
I see the dark cover of night,
the whistling of the guards,
flowers across a riverbank,
and a man who follows me.

Under my pillow, I keep a sun that, when it rises
becomes younger and younger.

GHAZAL, THE HARVESTER OF WIND

Ghazal, the harvester of wind.
Ghazal, the wife of a blind god.
Ghazal, a fire's furrow.

Nature is a musician who sways and hums.
Dewdrops are people that rise from sleep
The valley is a fugitive thrown under a tree.

… I hear the drums beating…

Oh bird, your head on the window glass.
Suck in a last sip of cold Norwegian air, breathe it in slowly,

يا طائرُ، أيَّ، سمواتٍ تراها؟
وأيَّ بحارٍ، تشمّ، رائحتها الآن؟

نبضُ قلبك، على يدي.
رجفةُ جناحك، على يدي.

ما هذا، السوادُ العظيمُ، حول عينيك الواسعتين؟
ما أسهل الموت يا طائر!

تاورغاء

ليتهم، أخذوا ماشيتهم معهم.
ليتهم، أخذوا نيرانهم معهم.

غريبٌ وغريبةٌ، من تاورغاء،
ذاكرتهما، تلمع، على نياشين، جنرال ميت.

سبيلي إليكِ، لا يصل إليك. سبيلُكَ، لا يصل إليّ.
أنا، ثلاث بطاطات، ساخنة. أنت، تنّور، يفورُ بالكلمات.

لهم، في البيت، حُجرة للبكاء.
الكوّة، في الجدار، كوّة أو تكاد،
لكنّ، يدي القتيل، ثقيلتان بالأسئلة.

الغربان، أسقطت، أرواحنا، في هوٍّ، عميق.
بئرٌ بلا ماء، بكرة بلا حبل.

لا يَدقُّ، على أبوابهم، أحدٌ.
في الأحلام، يرحلون، كما يمشي أعمى، في ليل.

لتروي الحكاية، كأنك تسحب، نهرًا من جيبكَ.
ما الذي تنتظره، وصول البريد؟

and tell me, which sky do you see now?
Tell me, which sea do you smell now?

Your heart's pulse in my hands.
Your fluttering wings are in my hands.

What are these hollows around your eyes?
Oh bird, dying is easy.

TAWIRGHAA

I wish they took their animals with them.
I wish they took their fires with them.

Tawirghean refugees, a man and a woman,
their memories shine on the dead general's chest.

My path doesn't lead to you. Your path doesn't lead to me.
I am three hot potatoes. You are a kiln boiling language.

Inside their house, a room for tears.
The window is merely a window,
but the hands of the dead are heavy with questions.

Crows throw our souls into a deep black hole.
A well without water is like a pulley without a thread.

Even officials rarely knocks on doors.
In dreams, they travel to farms like a blind man walking the night.

To tell this story is like pulling a river from your pocket.
What are you waiting for, the post to arrive?

كيف تتحرّى صباحًا شجيًّا؟

كيف تتحرّى صباحًا شجيّا؟
البحر، على يمينه، الصحراء، على شماله.

ما يحملُ، من أصوات؟
رصاص المتقاتلين، العميان.

هل تصحّ قهوته، على الريق؟
عليكَ بالفودكا إن استطعت، إلى ذلك سبيلا.

صباحي هذا، صباحٌ شجيّ حقّا.

قرأتُ ،شذرات لوركا، هذا الصباح.
هل جرّبتَ، قراءة الحارث بن حلّزة؟

لم أرث ،من أبي غير ضنك، ماهر في الاختباء.
كان، طبّاخًا أو مساعد طبّاخ.

هل، عصاك معك؟
في صمت الأبواب، لن تسمع، سوى، وقع خطواتك.

ما بعد ظهيرة حارة

طريقٌ، يبزغ من أعلى الهضبة، كشعر، عانةٍ مبلول.
طريقٌ، قصير، مملوء، بروث الأبقار.

نهر، يجلس، عند قدمي، المرأة، النائمة.
طائرُ، يسرق، رغيف الخبز، حقيبتها، تحت الشجرة.

HOW CAN YOU RECOGNISE A BLUE MORNING?

How can you recognise a blue morning?
The sea to his right, the desert to his left.

What voices does the morning carry?
Bullets of ignorant militias.

Is it right to start blue mornings with coffee?
Begin with vodka if you can…

then my morning is really blue.

I read fragments of Lorca this morning.
Have you tried reading Al Harith Ibn Hilleza poems?*

I inherited nothing from my father except the art of disappearance.
He was a chef or a sous chef…

Is your cane beside you?
In the silence of doors, you only hear the knocking of your own
    footsteps.

A HOT AFTERNOON

A road emerges from above the hill like a wet pubic hair.
A short road, full of packed cow shit.

A river sits at the feet of the sleeping woman.
A bird steals a loaf from her bag under the tree.

ظِلُّ الصخرة، تقضمه، فراشات زرقاء.
ما يفعل، حوت ضخم، على تلّة المحاربين

سحبٌ، كثيرة تتجمع، تحت حوافر، خيل وحشيّة.
من النافذة المشرعة، تأتي خشخشة، أوراق اليوكيلبتس.

لوهلة، اعتقدتُ، أنّ راعي البقر، لوّح بقبعته.
شجيرات الرتم، لم تتفتّح، أزهارها، بعد.

يصيح، البائع، اليافع:
بطيخ، سقاه نهر الكوثر.

صخور البحر، تخرج زهراتها.
آن، يحطّ،، عليها الخريف،
تطفو، ككلمات، سقطت، من فم ميّت.

ارتجال على الساكسفون

برِقّة، أدخلُ الجاز.
رقيقًا كشهدٍ.

رقيقًا، كنقرةٍ أو نقرتين في الهواء.
رقيقًا، كنَفَس، عازف الساكسفون،
يميل، برأسه قليلاً، إلى جهة الكون.

رقيقًا، كقارب نوبي، في صباح ربيعي.
رقيقًا، كروح نبيلة
لا تكفّ ،عنّ الالتفات، إلى الوراء.

رقيقًا، كدراويش، وسكارى، يرقصون، في حانة في شيكاغو.
رقيقًا، كشجرة جمّيز،
تلهو، وتحزن.

Blue butterfly, slurping the rock's shadow,
what is a large whale doing on this battlefield?

Clouds gather at the hooves of wild horses.
From the open window, a crackle of eucalyptus.

For a while, I thought the cowboy waved with his hat.
The plants are yet to blossom.

A young hawker shouted:
watermelon watered by the river of paradise.

Sea rocks sprout their own flowers.
When the rain of autumn arrives,
they float like speech from a dead mouth.

IMPROVISATION ON SAXOPHONE

Softly I enter jazz.
Softly as nectar.

Softly as a beat or two in the air.
Softly as the saxophonists breath,
tilting his head a little towards the cosmos.

Softly as a Nubian boat on a spring morning.
Softly as the gentleness of a soul
that keeps on looking backwards.

Softly as dervishes swirling in a Chicago tavern.
Softly as a sycamore tree,
oblivious, joyful then sad.

منذ، أن انقطع، المطر.
منذ، أن سكتت طيور، القرية المهجورة.

الارتجال، على الساكسفون :
قصائد، مختبئة في هامش، يوم عاديٍّ،
أو شاي، زنجبيل فاتر ،لا يثير شُبهة أحد.
سأدفع، باللحن، إلى، حدّه الأقصى.
غيابٌ، كاملٌ.

كلب أخفى ذيله في الليل

في ثمالة الكأس، في قريتي، الطويبية ،
أرى، شجرتي التي غرستها، أمام غرفة الضيوف،

أرى، أزهارها الصفراء، التي تتفتّح في الشتاء
كنتُ، أجلس تحتها، وطائر الحنّاء.
أنا، أشرب، كأسي باردًا، كما يحلو لي،
وهو، يلتقط، الفول السوداني، من على قبعتي، كما يحلو له.

آه، يا شجرتي، التي تزهر، في الشتاء
آهٍ، الطويبية، قريتي، التي دخلتها، الميليشيات لاحقًا.

كنت أستمتع، بسقوط حبات، المطر،
كنت أسمعها، لأنها تسقّط على، الرمل الظاميء.

الآن، في بلاد، خالطها، الموت، ينزل المطر أخرس.
حبّاته، عالقة في الزرقة، تسقط، تسقط، تسقط صامتة.

كلب، أخفى ذيله، في حلكة ليلٍ.
الماءُ، إلى فخده. شجرة الزيتون، تنصت.

Since the rain stopped.
Since the birds of an abandoned village fell silent.

Improvisation on saxophone: a poem imbedded in everyday
    margins,
or stale ginger tea that has gone unnoticed.
I will push this tune to its limits.
Pure absence.

A DOG HIDES ITS TAIL IN THE DARKNESS OF NIGHT

In my village, Etwebia, in the last drop of wine in the glass,
I see the tree I planted in front of the guest room.

I see its yellow flowers blossom in winter
where I used to sit with the red-chested bird.
I drunk my glass cold, the way I like it,
and he ate peanuts from my hat the way he likes.

Oh, my tree, my winter tree!
Oh, my Etwebia, captured by militias.

I used to enjoy the pouring rain,
I used to hear it falling through the thirsty sand.

Now, in a country ravaged by death, the rain has lost its sound.
Drops tangled in blue, fall, fall, fall silent.

A dog hides its tail in the darkness of night.
The water rises high. The olive tree listens in.

بغل الحقل

مِنْ، جيبِ العشب، تخرج ناموسةٌ،
وفي، قلب البحيرة، تغوص، مغمضة العينين.

هكذا، هي، البحيرة، دائماً.
تحتفي، بالغيمة وقبعتها السوداء.

لم يتبقّ، من الطائر
غير، جناح يطفو، على البحر.

أحياناً، لا تدري، ما تراه.
أبيتًا، في البحر، أم بيتًا، في صحراء الروح؟

متعباً، أتّكئ ،على جدار نفسي.
بيدَ، هذه، زيتونة وهذا، بحر كبير.
لا شيء، غير ذلك!

لقد، اختفى، الفارس.
ترك، الحصان، ملقى، في بيداء قاسية

الحزن، ينزّ، من المدينة.
ينهمر، الأسى، غزيرًا
كما، عَرقٍ، من، بغل حقل.

From the grasses pocket, a mosquito emerges,
and into the pond's heart, it dives blind.

The pond always looks like this.
It celebrates the clouds' black hat.

What the bird leaves behind
is a wing floating on the water.

Sometimes you are not sure what you see.
Is it a house in the sea,
is it a house in the desert of the soul?

Exhausted, I lean on the wall of myself.
Yet, this is an olive tree and this is a vast sea.
Nothing else!

The rider has disappeared.
He left his horse on barren land.

Grief seeps out from the city.
Sadness rains heavy
like sweat from a field mule.

صوّان

النبعُ، بعيدٌ،الترابُ، وصل إلى، أعلى الرقبة.
الراحلُ وقرينهُ، رميا، شفة الأفق، بحجر.

الصوّان، مليئ بأصوات، إبلٍ عطشى.
المنحدر، يصرخ، الدائرة، بيتَ.

ليت، يدي، جَبءٌ، مليء بالماء.
ليت، يدي الأخرى، جرادةٌ، حطّت، بعد شبع.

ليت، رجلي، لامست، بِركة الشعراء.
ليت، سُرّتي، بستانُ صبّار.

ليت، عيني، لا تغيب، عن امرأة جَبأى.

صلاة، وحشيّ القفار، خرساء،

ألِم، يحن، وقتُ سيفٍ، تقطّعت به رقابٌ،
ليرقد، على الرمل، أبكَمَ؟

بنّاء المسافات الهشّة

الوقت، بنّاء، المسافات الهشّة.
الكلمات، تدورُ، حول خنصره الصغير.

الوقتُ فقط، يهبها، حبلَ الإزهار
مثلما، تهب الشجرة ثمرتها، للمسافر الوحشيّ.

GRANITE

Spring, too far away, sand covers us to the neck.
The traveller and his friend hit horizon's lip with a stone.

Granite, full of the sounds of thirsty camels.
The slope screams, the circle is a house.

Water has to flow somewhere.
Camels arrive from the wheat field.

I wish my hand were a gulley filled with water.
I wish my other hand were a locust that landed after a heavy meal.

I wish my foot dipped in the poets' pond.
I wish my naval were a cactus field.

I wish my eye never left a gorgeous woman.

Silent prayer of the wild beast,

isn't it time for all beheading swords
to lie silently on the sand?

THE BUILDER OF FRAGILE DISTANCE

Time is the builder of fragile distance.
Words circle around a little finger.

Only time can weave flowers into a new dress
like a tree offering fruit to a lonely traveller.

الكلمات، رغوةُ الشهوات الدفينة،
والشراكُ، تقتنصُ، هوسَ الشفاه.

الظهيرات، تمتلأ بالسكينة.
الظهيرات، ترقص، كامرأة ثملة.

على أحدٍ، أن يجرّ، هذه العربة.
الغابةُ بعيدة. الطيور، لم تعدْ، من الحقول.

فقطٍ، أيدي الفقراء، تمتليء، بنشيج البحار.
فقطٍ، قلوب الفقراء، غرابيل المطر.

خشبُ الشرفةِ، يرتجفُ، كسجّادة.
قلبُ الدرويش، رجع صدى، عزف ريح، في الصحراء.

الحارس والسجين

ما الذي، يفعله، الحارس والسجين؟
يحدّقان، في حبل المشنقة.

ما الذي، يفعله الحارس والسجين؟
يطعمان، الطيور، في الساحة المتربة.

ما الذي يفعله الحارس والسجين؟
يتبوّلان، جنباً لجنب، تحت صورة الرئيس.

ما الذي يفعله الحارس والسجين؟
يتحدثان، عن رسائل العشق وشطائر الجبن.

ما الذي يفعله الحارس والسجين؟
يجلسان، قبالة بعضهما، صامتين.

Words are the froth of hidden desire,
and traps that capture tormented lips.

Afternoons full of serenity.
Afternoons dancing like a drunken woman.

Somebody will have to ride this wagon.
The forest is secluded. Birds did not return from the fields.

Only the hands of the poor hold the wailing of the sea.
Only the hearts of the poor hold the rain's sieve.

The porch floor trembles like a carpet.
The heart of the dervish echoes like a desert wind.

JAILOR AND PRISONER

What are the jailor and prisoner doing?
Gazing at the gallows.

What are the jailer and prisoner doing?
Feeding birds in a dusty courtyard.

What are the jailor and prisoner doing?
Pissing under a portrait of the president.

What are the jailor and prisoner doing?
Talking over love letters and cheeseburgers.

What are the jailor and prisoner doing?
Facing each other in silence.

ما الذي يفعله الحارس والسجين؟
يختصمان، من منهما، يموت أولاً.

ما الذي يفعله الحارس والسجين؟
يضحكان، على نقشين غريبين، في شاهدتي قبريهما.

تجهّم الغريب

قطرةٌ واحدةٌ، في فم طائر.
تكفي، لأحلام سمكة،
تكفي، لرؤى جبل.

الأقدام، أكثر من العيون، في هذا البلد.
الأعناق، تنحني أكثر من الأشجار، في هذا البلد.

رفقاً بي، يا مساءُ.
رفقاً بي، يا أغنية نفسي.
تنحّي قليلاً، يا بلادُ.
تنحّ قليلاً، يا حزن.

ما الذي، تراه وأنت جالس، في الحافلة، يا مهاجر؟
هضبة خضراء، نهرًا يجري، قاربًا أعرفه ويعرفني.

كيف ستعرف ،أيّ التوابل صحيحة؟
ليست معضلة رياضية،
سأعرفها، حين أراها.

دائماً في اللحن، يأخذ قلبك، الإيقاعُ بعيدًا.
آن لي الآن، أن أجمع، ما تساقط، من صدى الروح.

What are the jailor and prisoner doing?
Arguing over who will die first.

What are the jailor and prisoner doing?
Laughing at the strangeness of their epitaphs.

SEVERITY OF THE STRANGER

A drop of water in a bird's mouth.
Enough for the dream of the fish,
enough for the mountain's apparition.

In this land, more feet than eyes.
In this land, heads bow more than trees.

Evening, be kind with me.
Song of the self, be kind.
Country, ebb away a little.
Sadness, ease a little.

You, refugee, what do see from the bus?
A green hill, a flowing river, a familiar boat.

How will you know the exact cooking spice?
It isn't rocket science,
I'll know it when I see it.

In music, rhythm seizes the heart.
Time to gather what fell through my soul's echo.

ثمّ ماذا؟!
ها، قد امتلأت قبضتك بالهواء.
وخطواتك، قرع أجراس عالية.
ثم، ماذا...؟

فنّ الشِعر

أقفُ، في طريق، محصّب، لطفولة صامتة،
هذا، هو الشعر.

بعوضةٌ، رقيقةٌ جالسة، منهكة، حائرة،
هذا، هو الشعر.

ريشةُ طائر، تتأرجحُ، في نسيم الصباح،
هذا، هو الَشعر.

حبّات رمل، تخطف، إيقاع خطوات الكائنات،
هذا، هو الشعر.

حلمٌ، يقلّبُ حاله، على مزولة الروح،
هذا، هو الشعر.

فقّاعات، تطفو على ظهر سمكة،
هذا، هو الشعر.

التفاتة، سحلية، في ثنية الزمان،
هذا، هو الشعر.

And then what?
A fistful of air.
Each footstep strikes a bell.
And then what...?

ARS POETICA

Standing on the stony path of childhood silence,
this is poetry.

A frail mosquito sits, exhausted and confused,
this is poetry.

A bird's feather swings in the morning's hammock,
this is poetry.

Sand grains capture the rhythm of my feet,
this is poetry.

A dream wheels through the soul's pendulum,
this is poetry.

Bubbles floating on the fins of a fish,
this is poetry.

A lizard's gesture in the tilting of time,
this is poetry.

دندنة الغريب

بول سايمون وشريحة زبدة.
يزهرُ، ضوء الشمس، على مريلة البائع.

دم دم دمدم دمدم دم دا دادادادادا
بدقّة، ميلان الشمس، يحسب المهاجر الأريتري، نقوده.

"الغربان، لا أعشاش لها"
قال، العجوز ،وهو يزرّر، بنطاله.
تك تك تك تك تك تك تك تك
رجاءً، مرّرْ، صينية المحشي وزجاجة الهريسة الحارة.

بقليل، من الصبر، بكثير، من المعرفة، نفكّك، قماشة الموسيقى.
الخيوط الملوّنة، على اليمين، الخيوط الخرساء، على الشمال .

اللقاءاتُ، قشور الماضي.
الذكرياتُ، الضائعة، الهشّة، المنهكة، تُرفرفُ،
في العيون، كأعلام، دولة خاسرة.

ماذا ترى، حين تغمض، عينيك؟
حشرجة، محتضر، عميقة.
خشخشة مكبر، صوت الجامع.
ليس، كثيرًا.

رنّ جرسٌ في أعلى الجبل

دنت الساعة. رنّ جرسٌ، في أعلى الجبل.
شجنٌ، غامرٌ. نسيان، لا حدَّ له.

Paul Simon and buttered toast.
Sunlight blossoms on the seller's apron.

Dum dum dumdum dumdum dum da dadadadada.
In the perfection of a tilting sun, the Eritrean immigrant
    counts his money.

'Crows have no nests'
said the old man buttoning up his trousers.
Ta ta ta ta ta ta ta.
Pass the sausage and the chilli, please.

Patiently, knowingly, we untangle the cloth of music.
Coloured threads on the right. Silent threads on the left.

Meetings are freckles of the past.
Lost memories remain fragile, exhausted, fluttering
inside the eyes like banners of a fallen nation.

But what do you see when you close your eyes?
The rattling of a dying man.
The harsh static of the mosque's microphone.
Not much.

A BELL TOLLS ON THE MOUNTAIN

The end encroaches. A bell tolls on the mountain.
Sorrow surrounds. Infinite oblivion.

النهار، يأتي بغتة. الليل، يأتي بغتة.
خطوات النمل، على الرمل، تقترب وتتباعد.

صفير الريح، على كثبان رملية،
تجففها، أطراف الموجة، لا يشعلها، صهد الأغاني.

مجلسي، واحدٌ، مجالسكم، شتّى. هذه الحصباء، تفصل بيننا
كما، يفصل الخيط، بين الليل والنهار.

إراقةُ، دنان الهوى، تحت أقدام، العسس.
طيّ الليل، كالسّجل. شروقُ شمسٍ، بلا معزف.

إفاقةُ فتيلة الشاي، في كأس، العاشق.
عناق عجوز، لرفيقته. عبقُ خدٍّ، حطّ فوق خدْ.

تركت القوافل، فتات حديث، حول الطاولة.
كلمات، بلا حروف. كلمات، بلا صوت.

مطر الطويبية

الشجرُ، يستمع لأغنيتي. السماءُ، تستمع لأغنيتي.
أنهضُ. تنهضُ الأرضُ، تسبقني إلى البئر، تباركُ الماءَ.

تعالي، يا خطوات الجريح، تعالي، إلى بيتك.
يا أغنيات، الشاعر الضليل.

قلبي يرتجف فرحًا، قلبي يرتجف خوفًا.
تعالي، تعالي، تعالي.

Day arrives suddenly, night arrives suddenly.
On the sand, ant trails arrive and disappear.

The wind whistling on sand dunes
dries by the wave's edge, unlit by song's fire.

Mine is one place, yours is many. These pebbles separate us
like threads of night and day.

At the feet of the guards, we drink lust's wine.
Night folds like a book. The sun rises without its flute.

Wake the wick of a teabag in a lover's cup.
An old man hugs his wife. Perfume of a kiss landing on a cheek.

Caravans left crumbs of conversation around the table.
Words without letters. Words without sound.

RAIN OF ETWEBIA

The trees hear my song. The sky hears my song.
I rise. The earth rises, outruns me to the well, blesses the water.

Come, footsteps of the wounded. Come to my house.
Come, songs of the lost poet.

The heart full with joy, the heart full with fear.
Come, come, come.

هنا المطر، ليس سوى ماء.
مطرُ الطويبية: القطرةُ صهيلٌ.
القطرةُ، بيتٌ، يسكنه الله والأنبياء.

اليدُ، على رأس الولد، يدُ أمٍّ. من، أصابعها، تزهر حياةٌ.
من وراء، زجاج النافذة، يتساقط الثلج النرويجي.

ضعْ، على قلبي يدك، ضعْ، على قلبي صحراء.

كيف، أرمّمَ ما تكسّرَ، من زفراتي وهذا الخراب، يربض عند قدمي؟
كيف، أحلمُ ولا يتكسّر، هذا البراح؟

ذراعي قصيرةٌ، لا تصل، إلى تلك الغيمات.
ويحي! سيملأ البكاءُ، هذا الليلَ الكبير.

شجن نرويجي

ليس أكثرُ، من التفاتة، كي أرى، القافلة تعبر
ثانية، الشمس النرويجية، لكنّها، لا تراني.

سقوف القرميد، عالية وكئيبة. الطيور الصغيرة، لا تتحمّس للغناء.
في الشرفة، يتراكم الثلج. لا رائحة، لا نسيم.

إنّي، أسمعُ صوتَ، طبلٍ يعلو، يقترب.
حان، وقت الرقص. حان، وقت الغناء.

يا طائر، هل ترى، الطويبية، من أعلى الشجرة؟
هل تشمّ، زهر برتقال، أخي الميت؟

انتظر، ابحثْ، عن صديقي الهدهد،
لعلّه، يستريح، تحت شجرة، في انعطافة الطريق الترابي.

This rain is nothing but water.
One drop of Etwebia's rain is like the neighing of a horse.
One drop, the house of God.

The hand on the boy's head is his mother's. From her fingers
    life blossoms.
Yet behind a window, the Norwegian snow falls.

Lay your hand on my heart. Lay a desert on my heart.

How can I repair a cracked sigh when ruins tremble at my feet?
How can I dream and the land not break apart?

My arms are too short to reach these clouds.
Sound of wailing to fill night's opulence.

NORWEGIAN BLUES

No more than a gesture, to see the caravan passing by.
Again, the Norwegian sun arrives but doesn't notice me.

The tiled roof is high and sags. Young birds don't want to sing.
Snow piles on the porch. No scent, no breeze.

I hear a drum beating, louder, closer.
Time to dance. Time to sing.

Oh bird, from the treetop, can you see Etwebia?
Can you smell the orange blossoms of my dead brother?

Wait! Look for my friend the hoopoe,
under the tree at the turn of the dirt road.

اخبرني، يا طائرُ، عن شجرة الحنّاء، هلْ، ما زال، يزورها، البلبل الغريب؟!
لا تقطفْ، زهرتها، آتِني، برجفتها، فحسب.

يا طائرُ، لم أعد، أحتملُ. لم يعد، الوقتُ صديقًا. لم يعد، أيّ شيءٍ،
كما كان، أو كما يجب، أن يكون. يا طائرُ، حلّقْ. امضِ ولا تخفْ!

تادرارت (أكاكوس)

أُنصتُ، بعناية. ليلٌ دامسٌ، موحشٌ.
حمحماتُ خيل، خافتة، رقيقة
كقطرات ماءٍ، تسّاقط، على عيدان تبن.

ليتني، قلتُ، شيئًا. ليت، فمي، كان أخرس
ولم، تخدعني، الريحُ أبدًا.

صفير، الرمل. طيّة فوق طيّةٍ. هواء فوق هواء.

جاءوا، تلمع،سِنانُ حرابهم. الأرض سرجهم.

صرخاتٌ، تصعدُ. ماءٌ، يفيض. عند، باب الكهف،
حصباء، تفيض بالكلمات

هنا طريقٌ، وهناك طريقٌ.
لمّا تزل، الصخور صامتة.
السماء الشاسعة، تنثر كوابيسها.

كلَّ، يقفل، على نفسه، باب بيته .
تدرارت، ريح جنوبية.
تدرارت، شهوة السحابة.

Oh bird, does the bulbul still visit the henna tree?
Don't pluck its flower, just bring me its heart's flutter.

Oh bird, I can't bear it. Time is no friend. Nothing
as it was, as it should be. Oh bird, fly. Don't be afraid.

TADRART (ACACUS, LIBYA)

I listen deep. Empty darkness of the night.
The horses, once neighing, now quiet and soft
like water dripping through a haystack.

I wish I'd spoken. I wish my mouth wasn't silent
and the wind had never tricked me.

Whistle of sand. Layer upon layer. Air upon air.

They arrive, their spear tips glow. Earth is their saddle.

Screams rise. Waters flood. At the door of the cave,
pebbles brim with language.

Here a road, there a road.
The rocks remain silent.
The vast sky scatters its nightmare.

Everyone shuts a door on themselves.
Tadrart is the southern wind.
Tadrart is the cloud's desire.

صعبٌ، هذا الحنين.
الليل، طويل.
كان، عليّ، أن أموت واقفًا !

الواقفون خلف السواتر الترابية

الظلال، التي تغادرنا، لنا.
والظلال، التي تأتي، لغيرنا .
نقشّرُ، الشكّ،
ونرجع، إلى صلواتنا، صامتين.

الـهـواء، الـذي نتنفسّه الآن، ليس ذاك الـذي، في تلك البـلاد البعيدة.
الحصى، المغطّى بالثلج،
مزّقته، الريح.

هذا القلب الجريح، حصنك.
لا تسأل، عن وقت، هو، أيضًا، لا يعرفُ.

الواقفون، خلف السواتر، خائفون.
يرفعون، أصواتهم، مراثٍ للشاي، وكيف
أنّ قتلاهم، تبوّلوا، على أنفسهم.

يشتمون، ويصرخون، ضاحكين.
الواقفون، خلف السواتر، واقفون، ميتون

النوافذ الجانبية، جليّة واضحة، كعملةٍ معدنية،
تضع ضوءها، حيث، يجلس الأقارب، الراحلون.

Nostalgia is a trickster.
The night is long.
I have to die standing up.

BEHIND DUSTY CHECKPOINTS

We are the shadows that leave.
They are the shadows that arrive.
We peel away the uncertainty,
we return silently to our prayers.

Here, the air you breathe is not the same air.
Snow-covered stones,
windblown.

This wounded heart is your castle.
Don't ask for the time, it doesn't know.

Those who stand behind dusty checkpoints are terrified.
They raise voices, eulogise about tea and of how
the dead piss themselves.

They curse and cry laughing.
Those who stand behind dusty checkpoints: the walking dead.

Side windows, clear as a coin.
A shed light on where the dead family used to sit.

اطوِ، إن شئت، ظلال الروح.
في، كلّ طيّة، ،شجرة وقنديل.
على، كلّ شجرة، عصفور وثمرة.
وفي، كلّ قنديل نارٌ، تتلظّى وزفير.

بيت في الريح

ما بعد ظهيرة، هشّة –
بحرٌ، شاسعٌ، أشجارٌ، خاوية، فراشةٌ وقبرٌ.

أنا، هنا، القرويّون، هنا.
حكايات، بلغات غريبةٍ، هنا. ألسنةٌ مكسورةٌ، هنا.

ليتني، عرفتُ، أنّي اتّكأتُ، على غياب.
ليتني، عرفتُ، أنّ الجدجد، أخاف اليرقة الصغيرة.

ليتني، عرفتُ أنّ الكلمات، هائمةٌ، والقهوة، خفيفةٌ.
ليتني، عرفتُ، أنّ العيون، محجّبةٌ، والجَرس، ملعونٌ.

القوارب، الفقيرة،
رَفعت، وجوه اللاجئين، أشرعة لها.

وحدهم، الخائفون،
قادرون، على بناء، بيتٍ، في الريح.

Fold, if you wish, the shadows of the soul.
A tree in every fold, a lantern.
On every branch a bird and some fruit.
Inside every lantern a suffering flame, a sigh.

A HOUSE IN THE WIND

Fragile afternoon –
a vast sea, vacant trees, a butterfly and a grave.

I am here, the villagers are here.
Fables in foreign languages are here. Broken tongues are here.

I wish, I knew, I leaned on absence.
I wish, I knew, the cricket frightened the maggot.

I wish, I knew, words adrift and the coffee was light.
I wish, I knew, eyes veiled and the cursed bell.

Boats of the poor
made sails for the faces of refugees.

Only those who are terrified
build houses in the wind.

لوركا، السلحفاة الصغيرة، الشجرة الصغيرة

لو، لم يذكّرني، لوركا بها، لكنتُ، نسيتها،
سلحفاتي الصغيرة، التي، لم نسمّها.

وجدتُها، وسط الطريق، في المنعطف الخطير، لوادي كعام.
لعلّها، غادرت، من الباب، الذي فتحه، المسلحون، عنوة.

لعلّها، تهشّمت، تحت عجلة، احدى سياراتهم،
أو، لعلّها، ماتت، تحت شجرة التين، جوعًا.

تلك، الشجرة الصغيرة، لم يغرسها أحد،
قريبة، من، ركن البيت، وأكثر قربًا، من، كيس القمامة
الذي، تغلقه، بإحكام، زوجتي، كلَّ صباح.

هل، تعلم، أنّنا نازحون، من أرض المعارك؟
هل، تستشعر، كآبتنا وحرقة قلوبنا؟

لم أرَ، طائرًا، يقف، على أغصانها .
ولا، أسراب نمْل، تصعد جذعها.
أوراقها، لا تسقّط صفراء، على الأرض أبدًا.
ليتني، كنتُ، شجرة، مثلها!

زهرة الليل

كلّما، حطّت يدها، على شيءٍ اختفى.
كلّما، أردنا الحديث، تخطّفَ، القراصنة واللاجئون قاربا.

الليل، يبدّل أسماءَها، بأسماءَ
يجمعها، من قاع بئر.

LORCA, THE LITTLE TORTOISE AND THE LITTLE TREE

If Lorca hadn't reminded me, I would have forgotten her,,
the little tortoise we left unnamed.

I found her in the middle of a dangerous road bent at Wadi Kaam.
Maybe she escaped through the back door smashed open by militias.

Maybe she was crushed underneath one of their cars,
or died hungry under the fig tree.

Little tree, planted by no-one,
close to the corner of the house, close to the rubbish bin
that my wife ties carefully each morning.

Does the tree know that we are refugees?
Does she sense our agony, our heart-burning pain?

I have not seen a bird sit in her boughs.
No column of ants climb her trunk.
Her green leaves never grow old.
I wish I was a tree like her.

FLOWER OF THE NIGHT

Whenever she touches something it disappears.
Whenever we speak, a boat is snatched by pirates and refugees.

Night changes our names with names
collected from the bottom of a well.

الأسماء، حجارةً، في الوديان،
تأخذ، من الشمس، يقظتها.
ومن، دوابّ البرّية، خطواتها
ومن، أغنيات الليل، شجنها
وما، يتساقط، من الكون، النعسان.

الأقدام، التي ترفع، عقيرتها، في العتمة
لها، من الأسماء، ما لا يحصى.

كذلك، للأسماء، عديد، السلالم-
نتسلّق، نسقطُ، نتسلّق، نسقط.

حجارة، تصرخُ. سحالي، تصرخُ.
كلّ، ما يهوّم، في الهواء، يصرخ.

ليس، ما ترونه، مطرًا،
بل، دموع الراحلين، تعود، لأحواض، الصبّاغين..

لا، تصدقوا، ما يقع، وراء المرآة .
الفراغ، حرفٌ، مهجورٌ، في البيداء.

الزهرةُ، صباحٌ، يتنفّس.
آن، تميلُ، يميلُ الكون، كلّه.
ليت، لقلبي، ساقًا، كساقها!

Names are like stones in the valley,
Their dawn rises with the sun,
they take their steps from wild animals
and their song is filled with night's sorrow
and what falls from within the sleeping universe.

Feet that raise their voices in the darkness
have many names.

And names have many ladders –
we climb, we fall, we climb, we fall.

Stones scream. Lizards scream.
All that flies in the air screams.

It is not rain that you see,
but the tears of the departed,
arriving at the tanners' vats.

Don't believe what lives behind the mirror.
Emptiness is like a forgotten letter in the desert.

The flower is morning's breath.
When it sways the whole universe sways.
I wish my heart had the stem of flower.

طوبى للخفافيش

ما، بين النهار والليل، في قريتنا
المنسية، من، خريطة الوطن،
الخفافيش، تفتحُ، صرّة الظلام.
الخفافيش، ليست، عمياء.

تنام، معلّقة، من أقدامها،
تصنع، سفنها، من أصوات الكون،
طوبى، للخفافيش ،
طوبى، لدولتها، المعلّقة، في الهواء.

عندما، تتعب الروح، تختارُ، طائرًا،
وتختبىء، في، عشنونه.
الطيور، التي، لا تحلّق عاليًا، طيور، حاملة أوجاع.

في، الشارع الترابي، شجرة توتٌ،
طيور الخضّير، بين الأوراق،
تأكل، في، صمت.

هل، يكفي أن، ترتدي القصيدة، ثوب الشِعر؟
يشيرُ، النثرُ، إلى جهة الشِعر، يغربله، فيصفو.

هذا، ما انساب، من بين يدي الفتاة.
وهذا، الذي، سرق، عبرات، الفجر. وهذا...

ليس، بعد... سيهطل، المطر. ستطوي، الريح شراعها
وسيصبّ، آخر الرعاة، الرمل، في التنور. ليس، بعد.....

BLESSED ARE THE BATS

At twilight, in our village
forgotten from the map,
bat's open the naval of darkness.
Bats are not blind.

Sleeping upside-down,
the sound within the universe is their ship.
Blessed are the bats,
blessed is their hanging.

When the soul is tired it chooses a bird,
and hides in its wattle.
Birds that fly low carry the heaviest of burdens.

On the dirt path, a solitary strawberry tree.
The greenfinch hides between leaves, eats in silence.

It is enough for verse to wear the dress of poetry?
Prose, pointing at poetry, purifies it in a sieve.

This is what slipped through the hands of the girl.
And this is who stole the sobs of dawn. And this….

Not yet… The rain will fall. The wind will fold its sail
and a last shepherd will pour sand into the kiln. Not yet…

تمهّل يا فتى، لا تجرّ القارب إلى البحر

في ساقه، حبل أزرق

تمهّل، يا فتى،
لا تجرّ القارب، إلى البحر،
تمهّل، يا فتى،
دع قلبك، ينصت.

ألا، ترى الخوف، في عيونهم؟
ألا، تشمّ رائحة، عفن الأجساد؟
ألا، تسمع عويل، الغرقى؟
تمهّل، يا فتى.

على، الشاطىء الآخر، للبحر الأبيض، المتوسط،
أعلامٌ، تقطرُ بالدم.
سأعطي، البحر، ظهري،
أقف راسخًا، على التراب،
سأحمل، القمرَ، رضيعًا، في حجري.
سماءٌ، زرقاء، تشدّ الطائرَ، إلى الزورق.
الحرّاسُ، الصقلّيون، ينهضون باكرًا،
يشربون، القهوة، المحلّاة،
يقذفون، فتات، الخبيز المحمّص، لأيدٍ، ممدودةٍ، في البحر.
الحرّاس، يحلمون بطائر جائعٍ، في ساقه، حبلٌ أزرق.

حين، اندفع، جؤجؤُ الزورقِ، عاليًا، في السماء،
كانت، يدا اللاجىء، تزيلان، خواء، الغيمةَ.
كان، آخرون، نائمين، في الأسفل
لم، يصلهم، صوتٌ، بكاء الطفل، الغريق.

خاوية، بطنُ، القارب، هذه الليلة.
مليئة، بطنُ، سمك القرش، هذه الليلة.
سَكتتْ، كلُّ، الأصوات، إلا، أسماء، الغرقى، العائدة، إلى بيوتها.
الذين، ماتوا، في، منتصف الرحلة ،أخذهم، الغياب.

WAIT, CHILD, DON'T TAKE THE BOAT TO THE SEA!

A blue rope in his foot

Wait, child,
don't take the boat to the sea!
Wait, child,
listen with your heart.

Can't you see the fear in their eyes?
Can't you smell the rotten bodies?
Can't you hear the drowned moans?
Wait, child.

On the far shore of the Mediterranean,
flags soaked with blood.
I'll turn my back to the sea,
stand with my feet firmly on the sand,
I'll carry the moon, a baby in my lap.
A blue sky ties the bird to the boat.
Sicilian guards wake early, drink their sweet coffee,
throw breadcrumbs to the sea's outstretched hands.
The guards dream of a hungry bird, a blue rope in his foot.

When the prow of the boat pushes against the sky,
refugee hands erase a cloud's emptiness.
A few sleeping in the galley
cannot hear the cries of a drowning child.

Tonight the boat's stomach is empty.
Tonight, the shark's stomach is full.
All is quiet, but for the sound of drowned names returning home.
Those who died in the middle passage taken to the horizon of
    absence.

في، ليلٍ، موحشٍ،
يدا القتيل، وخَدِّ، يلامس خدّ.
صاري قارب، قدمٌ، وحقيبة ظهر،
منقارُ نورسٍ وفم، الزمان الغول، وصفّارةُ، المهرّب.
صدى ضحكةٍ، لضوء القمر، على الماء، وتنهيدةُ فتاة.
يترك، اللاجئون، قلوبهم، على الشطّ
فلا، يغرقهم، ثقلها.

أوّاه، يا لاجىء

- أوّاه، يا لاجىء، ما خبّأت، في شَعرك المجعّد؟
- رسالة حبيبتي.
- وما تفعل، برسالة حبيبة، لن تراها، أبدًا؟
- لهذا، تمامًا. أحملها معي.
- وإنْ، غرقنا؟
- سيطفو صوتُها على الماء، ستزهرُ كلماتُها أزهارَ في حديقة.

- أعواد، الثقاب، لا تشتعل، في الماء.
- دخان، سجائر، على حافة القارب، المطّاطي.
- هل، أحضرتَ معك، قطعة الجبن، اليابسة؟
- أعطيتُها، لمساعد، المهرّب
- إذن، عشاؤنا... تحديقٌ، عميقٌ، في، نجوم السماء.

كتب، صحفي، من صحيفة، الشاطىء الشمالي:
«الأشنات، التي، نمت، على جمجمة، الأفريقي، المهاجر
حمراء، كلون، سلطعونات، جزيرة، خالية:
فضوليّة، جسورة.»

إعلان صحفي

ليس، قريبًا من الشطّ. ليس، بعيدًا من فنار، المدينة. لم نره. لم يكن، معنا.
من، عنقه، يتدلّى، ناي، تَخرجُ وتَدخلُ، الأسماك، من ثقوبه.

In the loneliness of night,
cheeks touching and hands of the dead.
A mast and a foot and a rucksack,
a seagull's beak, time's savage mouth, the smuggler's whistle.
The echoing of laughter, of moonlight on the water and a girl's sigh.
Refugees leave their heavy hearts on the shore
so the weight cannot drown them.

Oh, migrant

– Oh, migrant, what did you hide in the curls of your hair?
– A love letter.
– What's the use of a love letter from someone you'll never see?
– Exactly. That's why I carry it with me.
– What if we drown?
– Her voice floats on the water, her words become blossom, roses in
     a garden.

– Matches don't light in the water.
– There's cigarette smoke on the edge of the dingy.
– Did you bring the parmesan?.
– I bribed the smuggler's assistant
– So… dinner is like gazing at the stars.

Journalist from *The North Shore* newspaper:
'The fungi that grew on the African refugee's skull was as red as
the colour of a ghost island crab: curious, brave'.

Press release:

Not far from shore. Not far from the lighthouse. We didn't see
him. He was not with us. From his neck hangs a flute swimming
with fish.

كلّما، غاص اللاجىء، شبراً، في الماء، سقطت، ريشةٌ، من الطائر الأزرق. كلّما، طفا،
فوق اليمّ، حلمُ امرأة، ارتفعت، صيحة، الطائر الأزرق، إلى آخر، سماء. ليس، للطائر
الأزرق، سوى، أن يصعد ويصعد.
ليس، للاجىء، سوى، أن يغوص، عميقًا وعميقًا.

حسبُ اللاجىء، ريحٌ

الريح: مشيمة، المهاجر.
الريح: نعش، ووردة عرس.

الناجون،
ضحكوا ورقصوا، حتى الصباح.
القمرُ،
النار،
المهرّب،
والله، كانوا، جميعهم، هناك.

همسُ اللاجىء، يغوص عميقًا. عازفةُ التشيلّو، تُغمضُ عينيها، على لحن بعيدٍ.
في لامبيدوزا، بائعُ البطّيخ، يسترجع ذكرياته، تحت جسر، مهملٍ. الحارسُ الليلي،
يتبع، بعينين كسولتين، خطوات المهاجرين، الخائفة.

على الشاطىء، الحمامة، التي أخفاها الطفل، تحت غلالة ميسي، لم تستطع تذّكر،
إيقاع جناحيها. حسبها، تحدّقُ، في الجمع، بعيون خاوية. كلّ، الذين وصلوا،
خسروا ألسنتهم. صارتْ، الخطوات، قصيرة، تضيقُ نهارًا، تتّسع ليلاً.

تلمع عيونهم، تحت، ضوء فنارات، سفن الإنقاذ البحري. الجنين العائم، في الماء،
حملتهُ الأسماكُ، إلى رحم البحر.
لعلّه، ذات يوم، يُولدُ رجلاً، امرأةً، أو إله.

Whenever the refugee sank a hand into the water, the blue bird's feather loosened. Whenever the dream of a woman floated on the sea's skin, the bird cried to the ends of the sky.
The blue bird can only fly higher and higher. The refugee can only sink deeper and deeper.

Wind, just for the refugee

Wind: the refugee's umbilical cord.
Wind: a coffin and a wedding rose.

Those who survived
laughed and danced until morning.
The moon,
The fire,
The smuggler,
And God were all there.

The refugee's whisper sinks deep. The cellist closes her eyes on a distant melody. In Lampedusa, the melon seller reminisces under a forgotten bridge. The night guard follows the frightened footsteps of refugees with sluggish eyes.

On the shore, a pigeon, tucked under the child's MESSI shirt, forgot the rhythm of its wings and just gazed at the survivors with a blank look. The arrivals lost their tongues. Their steps became short, narrow at daytime, wider at night.

Eyes glitter under the lights of a coastguard rescue boat. A foetus swimming in the water is snatched by fish to the sea's womb. Maybe it will be born as a man, a woman or a God.

على رأس، ألفيّة جديدة، تحت بدر، في الشهر الأوّل، من الربيع، سبعة نسوة،
يرفعن، في منتصف الليل،
أسماء، كلّ من عبر هذا الساحل وذاك الساحل.

تصغر وتصغر، الأحلام، الآمال، الحيوات. وحده، الموت، يكبر ويكبر ويكبر ويكبر.

أهذا، ظلُّ ذئب، ظلّ رجل، أم، ظلّ امرأة؟
لا. هذا، ظلّ إله ميت.

وصول العدم

عتباتُ السّاحة، تعرق. عتباتُ السّاحة، ناعمة، باردة، للأقدام المتعبة. عتباتُ
السّاحة، خزانة التأوّهات.
وحيدون، لكنهم معًا، يستريحون، على كتف النبي.

نزلوا، من الزوارق، صدورهم عارية. أيديهم، تحمل، حقائب الدعوات، ودموع
الأهل. كانت، رائحة اليود، أقوى، من عرق الوقت.
الطائر الأزرق، يحطّ على فم، الغريق. ما، الذي يسمعه؟ لماذا، يخفق بجناحيه،
هكذا؟ صمت. ريح، صرصرٍ. لا شيء.

الحصان، يتوجّع، يركض، يتوجّع، يركض، يتوجّع. اللاجىء، يعانق نفسه، يتضائل،
يعانق نفسه، يتضائل، يعانق نفسه، يتضائل.

وَجَده، أحدُ أفراد الهلال الأحمر الليبي، ممدّدا تحت شجر، يوكيلوبتس، كبيرة.
يشبه الموت، في يده زهرة. مَن يقطع السّاحة الآن، الليّل، أم اللاجىء الأفريقي؟
السكارى، الضاحكون علّقوا حذاءه الرثَّ، على سلك الهاتف.

At the dawn of a new millennium, under a full moon, in the first
month of spring, seven women raise banners in the middle of the
night with the names of those who crossed coast to coast.

Hopes, dreams, lives get smaller and smaller. Only death grows
bigger and bigger and bigger and bigger.

Is this a wolf's shadow, a man's shadow or the shadow of a woman?
No. This is the shadow of a dead God.

The arrival of nothing

The steps of the main square sweat. The steps of the main square
are smooth, chill of tired feet. The steps of the main square are a
cupboard full of sighs.
Alone yet together, resting on the shoulders of the prophet.

They arrived bare-chested. They carried suitcases crammed with
prayers and family tears. A smell of iodine stronger than time's sweat.
The blue bird lands on the mouth of the drowned. What can it hear?
Why does he flutter his wings? Silence. A strong wind. Nothing.

The horse aches gallops aches gallops aches gallops aches.
The refugee hugs himself withers hugs himself withers hugs himself
withers hugs himself withers hugs himself withers.

He was discovered by a member of Libyan Red Crescent, under a
      large eucalyptus tree.
He looked like death, a flower in his hand.
Who is crossing the square now, is it the night or an African refugee?
The drunks bottle their laughter
and hang a scruffy shoe between telephone wires.

الأخبار العاجلة

لم يتم، التعرّف على الغرقى.
من نجا منهم، جلسوا يحدقون، في الخيمة الكبيرة.
أُعطى كلّ واحد منهم، رغيف خبز، وزجاجة كوكا كولا.

كان الجوّ، مفعمًا بالفرح.
حامضاً كالطّماطم، المشلّح، على سقف بيت.
هل، أخذوا بصمات، أصابعك؟

"ما دَلَّهم عليها إلا رنينُ قرطين، تهزهما الريح."
قال، مراسل، صحيفة الشاطىء الشمالي.

عبور ليبيا

في ليبيا:
دخل المرفأ، خائفًا، جوعان.
أمرَ المهربُ، أن يُضرب، صباح، مساء.
أمام عينيه، مرّت، سنواته العشرون، فارغة.
علّق نفسه، من سقف الغرقة.
جثّة، بلا اسم ولا تاريخ.

دخل المرفأ، خائفًا، جوعان.

حلم بالنوم، في سحابة، بحجم البلاد.

هذا وقت، لا هواء ولا أشجار. لا عصافير. لا رفرفة، قلب عاشق. لا رذاذ، يسّاقط
من سماء.
لا موائد، تمد للفقراء. لا شحاذون، يقفون بالباب. فقط، حرس وساسة وزنازين،
على جانبي طريق، لا آخر له.

في غرفة، حرس الحدود، نأفذة، نصف مغلقة. ريح جنوبيّة، ناعمة. ترمس قهوة.
باقة ورد. كلّما، ذبلت وردة، انتفخ رحم المرأة. الحارس، يقف، يضع، شيئًا في جيبه.
يسمع، أنين، رجل موحش. يقترب الحارس، صوته يعلو.

They couldn't identify the drowned.
Those who were safe sat staring inside a large tent.
Each person was given a piece of bread and a bottle of Coca Cola.

The atmosphere was of joy soured, sour as the sliced tomatoes on
    the roof of a house.
Did you give fingerprints?

'She could only be identified by the sound of two earrings,
    swinging in the wind'
said the reporter of *The North Shore*.

Passing through Libya

In Libya:
He entered the bay, terrified and starved.
The smuggler had him beaten night and day.
Twenty years emptied, passed before his eyes.
He hung himself from the rafters of his room,
the corpse with no name, no date.

He entered the bay, scared and starved.
He dreamt of sleeping in a cloud the size of a country.

This is a time of no air, no trees. No birds. No fluttering of a lover's
heart. No wet breeze falling from the sky. No feasts for the poor.
No beggar at the door. Only guards and politicians and prison
cells along the side of an endless road.

In the border guards' room a window half-closed. A gentle south-
westerly breeze. A coffee thermos. A bouquet of roses. Whenever a
rose fades, the womb of a woman grows. The guard stands, tucks
something into his pocket. Hears the lonely moans of a man. The
guard approaches, his voice rising.

أسئلة ليست في حاجة لأجابة

يا الله!
مَن ذاك، الذي يخوض برجليه الطويلتين، في البحر؟
قائد، حرس السواحل
هل كانت، ليلة البارحة، هادئة؟
نعم، فقط، ثلاثة وثلاثون، جثة.

- هل أحدّثكم بحديث عجب؟!
- حسنًا!
- وأنا، على الزورق وقدماي في الماء، قبّة السماء قريبة.
بإصبعي عَددتُ النجوم واحدة واحدة، وكان صمتُ الرفاق مليئاً بالكلام.
- وما العجب، في كلّ هذا؟!
- على الزورق، نفضتُ ملابسي وتساقط، رملٌ غزير.
- هو الموت، يا رجل!.

- في وسط، اللّجّة
أحاطوا العتمة، بالأزهار الصحراوية،
ضربوا برؤوسهم، بطن الغيمة،
غنّوا، بخليط ألسنة،
وصفّقوا، بأيدٍ تنتظر، مزارع العنب.
أما أنا، موجةٌ تقرّبني، إلى نهد صاحبتي،
وموجة، حين يعلو الزورق، شيطان، رجيم.

- مَا الذي يتبقّى، في المرفأ، بعد أن يغادر الجميع؟
- عرقٌ وبول، يسيل، نحو البحر،
قفازات، حرس السواحل،
إضاءة، أعمدة النور. ليل شاحب، ليل متشظي.

Questions not to be answered

God!
Who is that, wading in the sea with his long legs?
The chief of the coastguard
Was last night a calm night?
Yes, only thirty-three bodies.

– Can I tell you something very strange?
– Alright!
– When I was inside the boat, my feet dipped in the water, the
    dome of the sky came close.
I counted the stars with my fingers one by one and the silence
    of my friends began to speak.
– What's so strange about that?
– On the boat, I shook my clothes and heavy sand fell out.
– Man! That was death.

– In the middle of the storm
they covered darkness with desert flowers,
they struck a cloud's abdomen with their heads,
they sang through their mother tongues
and clapped with hands waiting for the vineyard.
As for me, one wave took me closer to a lover's breast,
While the other, when the boat rose, was a devil, cursed.

– What remained at the bay when everyone has left?
– Sweat and piss dripping towards the sea,
The gloves of the coastguards,
streetlamps. Pale night, shattered night.

عن الديوك (حوار مع أختي الكبرى)

في، الصيف،
في، نفْرة الصباح، الباكر،
هواء، الطويبية، مشبعٌ برائحة التين، والتين الشوكي.
دخانٌ نحيلٌ، يخرج، من كوّة الحائط، الطيني.
أزيزٌ، وخشخشة سعف النخل، المشتعل.
حبّات عرق، تلمع، على جبين، أختي.
- أرغب في كأس ماء من بئر الباشا.

في، ظلّ شجرة التوت، يقف، ديك، على ساق واحدة.
- هل، تعلم أنّ الديوك، تجنّ، إن شمّت رائحة، عود صندل؟

- هل، تعلم، إن نظرتَ، إلى ريشة، بها عين، سترى عجبا؟
- هل، تعلم، عندما، يشيخ الديك، يضع بيضة؟
- يقولون، أنها، تؤذن للصلاة.
- لكن، مَن يعلم، ما في داخل، رأس الديك؟
- هاهاهاهاها
احذر!، لا، تلاحق، ديكًا، في ظهيرة.
- الديك، مَلك؟
- الديك، مَلك.

ON ROOSTERS (A DIALOGUE WITH MY ELDER SISTER)

In summer,
in the skip of early morning,
the air of Etwebia was loaded with the smell of figs and prick-
    ly pears.
Thin smoke blew from a crevice in the muddy wall,
burning dry palm leaves which crackled and wafted.
And a shining bead of sweat dropped on my sister's forehead

– I'd like a glass of water from Pacha's well.
– Don't worry, the bread will be ready soon.

Under the mulberry tree shade, a rooster balances on one leg.
– Did you know roosters get mad if they smell sandalwood?
– Did you know that if you look into the feather's eye, you will
    see miracles?
– Did you know when roosters reach middle age, they lay an egg?
– It is said that they are a call for prayer.
– But who knows what is in the mind of a rooster?
– Hahahaha.
– Be careful, don't chase a rooster at noon.
– The rooster is a king?
– Yes, the rooster is a king.

طرابلس مدينة المآذن العالية

1

كيف، أصفُ طرابلس؟
طرابلس، مدينة، ملأى بعشقٍ مفتّت.
طرابلس، آلة، عود وحيد.
طرابلس، تسعدها، تلويحة يدٍ.
لا أحد، رأى قواربها، تبحرُ،
أو كم هي رهيفة، رغباتها،
وكيف، يخطف غسقها، وحديقتها، الأبصار.

تعطي، لكلَّ حصاة، اسما
ولكلَّ زقاق، أغنية حب.
الفصول، تدور حول، سواقيها
وتنشرُ ظلالها، في الأسواق، المكتظّة.

لا قمر، للغريب.
لا عشّاق، لوردته.
لا دعوات، على ضريحه.

لا وقت، للتأمل عند عتبة، هذا الباب.
لا درب، يصل، إلى البيت.

الغريب، زارع أحلام.
الغريب، نسّاج ليل.

2

المدينة تنوحُ.
المدينة، مقدّسة، كما يجب أن تكون،
ومتّسخة، كما يجب أن تكون.

1

How can I describe Tripoli?
Tripoli is a city filled with crushed love.
Tripoli is a lonely mandolin.
Tripoli is easily pleased by hand gestures.
No one can see her boats sail,
or how transparent her desire is,
or how illusory her dusk and garden are.

Tripoli gives each pebble a name
and each alley a lovesong.
Seasons turn around her ravines
and spread shadows through crowded bazaars.

No moon for the stranger.
No lovers for his rose.
No prayers for his tomb.

No time to contemplate at this doorstep.
No road leading home.

The stranger as a dream farmer.
The stranger as a night weaver.

2

The city moans.
The city is as sacred as it can be,
as filthy as it can be.

يمشي الناس، بقلوب محطمة،
يحدّقون، في أشجار النخيل، على كثبان الرمل، الكئيبة.
وآن، تفتح القلعة، أبوابها
يصفع، بحرُ الوجوه.

الأصوات، مبثوثة، في الهواء.
الآمال، تسقط، على سجّادات الصلوات، ميتة.

ثلاث جثامين، متعفّنة،
ريحٌ باردة، غربان تنعق،
جبال قصيّة، وبيوت حزينة،
تلمع، تحت شمس حارقة.

في طرابلس، تتناسل الميليشيات
مثل السحالي، في الصحراء الليبية.

3

مدينة، المآذن العالية، لم تكن يومًا، بعيدة.
بوّابة السجن، بحكاياتها العديدة، لم تكن يومًا، بعيدة.
الطائر، ذو السيقان النحيلة، دائمًا يعود، عند الغسق.

ليس سهلاً، معرفة، مَن يدخل المدينة، كلَّ صباح.
ليس سهلاً، معرفة، نوايا اللصوص، من أعينهم.
اتكأت المدينة، على جبلٍ، بخيلٍ بأسراره
ينصتُ، إلى شتاءات، حزينة، طويلة.

وقفتْ المدينة، على أحزانها، شاحبة، ماكرة.
عند، شروق الشمس، الأبواب، الشبابيك والحيوات، تنهض.
عند، غروب الشمس، اللاجئون، اللصوص والبغايا، يأخذهم الغياب.
عند، البوّابة، شجرة التوت الهرمة،
خبيرة، بعادات السكارى، الحرّاس،
ورائحة، الشهوة في الريح.

People walk broken-hearted,
gaze out to palm trees on bleak sand dunes.
And when the castle opens its gates
A sorrowful sea slams their faces.

Voices are scattered on the air.
Hopes fall dead on prayer mats.

Three rows of rotten corpses,
Cold wind, screaming crows,
Distant mountains, and gloomy houses,
All under a scorching sun.

In Tripoli, militias breed
like lizards in the Libyan Sahara.

3

The city with tall minarets was not far away.
The prison's gate with many stories was not far.
The thin-legged bird always returns at dusk.

It is not easy to know, who enters the city every morning.
It was not easy to understand the thief's intention from his eyes.
The city leaned on a mountain that revealed no secrets,
listening instead to blue winters.

The city stood on its sorrow, pale and wicked.
At sunrise, doors, windows and lives, open up.
At sunset, immigrants, thieves and prostitutes, fade away.

At the gate, the old mulberry tree
knew the habits of drunks, guards,
and every scent of lust in the wind.

حجارة

يقول المتصوفة: «الصعود، نزول. إنْ كبوتَ، ارتقِ.
اختَرْ أين تكون: داخل المرآة أو خارجها.»

لم أكن خائفًا، آن صرتُ طائرًا،
في منقاره سهمٌ.
تطلّعتُ إلى الجبال الشاهقة،
وإلى حقول القمح الناضج،
قبابها تحت عين الشمس البيضاء، وعينها الحمراء، وحجابها.
كانت البيوت حصباء مفازة.
كانت البِحار، أنجم ليلةٍ، حالكةٍ وهّاجة.
ما أفعلُ، بسهم؟
حسبي، أن أصعِّدَ، إلى أعلى، أعلى، أعلى...

لم أكن خائفًا، آن صرتُ حجرًا.
الحجارة، بقايا أحلامٌ.
الحجارة، حمّالة لحجارة بلا أسماء.
الحجارة، بألف لسان.
الحجارة، صديقة الطير (دائمًا تحطّ على الحجارة، وإن اتّخذتْ لها سُترا).
الحجارة، وليدة ماء وطين.
الحجارة، وليدة لغة.
الحجارة، تعرف وجع العالَمين، دمع العيون.
الحجارة، تبحث في المدى عن دربٍ، فيه تغيب الخلائق في صمت.

STONES

Sufis say: 'Ascent is descent. To go down is to go up.
Choose where you want to be: inside the mirror or out-
    side.'

I wasn't scared when I became a bird,
holding an arrow in my beak.
I looked across to towering mountains,
and to ripe grains of corn with their domes under sunlight's
    white eye, its red eye, its veil.
The houses were pebbles in a wasteland.
The seas were stars shining in the darkest night.
What would I do with an arrow?
I will have to ascend higher, higher, higher....

I wasn't scared when I became a stone.
Stones are leftover dreams.
Stones carry the souls of nameless stones.
Stones with a thousand tongues.
Stones, friends of birds (always landing on stones, even
    when taking cover).
Stones born from water and mud.
Stones made from language.
Stones know why legless lizards have eyelashes.
Stones know the pain of humanity, the tears of eyes.
Stones search the horizon for a path where all creatures
    fade silently.

خمسة مشاهد لثورة فاشلة

1

قلعة حمراء
نافذة حديد
حكايا سجن
أحلامٌ مشفّرة
شهوات منتهكة

ساحة خرساء
علمان
رايتان

ظلال
تصعد
تنزل

عابرون
يدخلون ويخرجون
خاليي الوفاض

طرابلس
منهكة قاحلة

حمام أعمى
رجالٌ مشنوقون

خيلٌ
صمتٌ فحسب

1

Red castle
    Iron window
    Prison tales
    Encrypted dreams
    Smashed desires

Silent Square
    Two flags
    Two banners

Shadows
    Ascend
    Descend

Passers-by
    Enter and exit
    Empty handed

Tripoli
    Exhausted and dry

Blind pigeons
    Hanged men

Horses
    Pure silence

2

رَتل ميليشيات
لِحيّ كثيفة
رايات داعشية
علامات نصر
وجوه يافعة شاحبة
بنادق كلاشينكوف
ضحكات حادّة
همسٌ منشور

مباني خرساء
دكاكين مقفلة
مخابز فارغة
مخافر خاوية
سوق سمك فارغ
عنابر محترقة

بحر صامتٌ
أنجمٌ باهتة
رجالٌ عراة
نساء عاريات

رايات
دماء

رايات
دماء

رايات
دماء

قائد الثورة
ملك ملوك أفريقيا
قُتل هذا اليوم

2

A convoy of militias
    Thick beards
    Daesh banners
    Victory signs
    Pale young faces
    Kalashnikovs
    Shrill laughs
    Scattered whispers

Silent buildings
    Closed groceries
    Empty bakeries
    Empty police stations
    Empty fish market
    Torched barracks

Silent sea
    Pallid stars
    Naked men
    Naked women

Banners
    Blood

Banners
    Blood

Banners
    Blood

Leader of the revolution
    King of African kings
    Killed today

3

في ساحة الشهداء
يافعون واقفون
بيريه أحمر
نظارة سوداء
مسدّس يتدلَّى ثقيلاً
شريحة تنّ
نساء محجبات
استعراض عسكري

الساحة غابة أعلام
الساحة غابة حياة متعفنة
مطرُ صيحات
جماهيرُ مشوّشة
رائحةُ شاي
أجساد منتهكة

4

سيارتان مسلحتان
رشاشتا أغراض عامة
هضاب وحلة
بقايا رصاصات فارغة
قناني ماء بلاستيكية
كيس معكرونة
حُكّة زيت طعام
حُكّة طماطم معجون
خبز يابس
علب تن فارغة
علب زبادي فارغة

وراء كلّ رشّاش، يجلس رجلٌ بِرداءٍ عسكري أخضر
إصبع على الزناد

3

In Martyrs Square
    Teenagers stand
    Red beret
    Dark glasses
    Pistol hangs heavy
    Tuna sandwich
    Veiled women
    Military parade

The square is a forest of flags
The square is a forest of rotten life
Rain of shouting
Crowd confusion
Scent of tea
Tortured flesh

4

Two pickups
Two heavy machine guns
Muddy hills
Empty bullet shells
Plastic water bottles
A bag of pasta
A can of cooking oil
A can of tomato puree
Stale bread
Empty tuna cans
Empty yogurt pots

Behind every machine gun sits a man in green army jacket
    Finger on the trigger

عينان إلى الأمام
شمسٌ حارقة
رائحة نفط ثقيلة
جثتان وراء تلّة بائسة

5

فرّ الذين وضعوا اللحود على الموتى
فرّ الذين كتبوا كلمات الرثاء
فرّ الذين انتحبوا وبكوا
فرّ الذين حملوا الرايات إلى المقبرة

في الليلة الأولى، امتدّت الجذور، عميقًا في الأجساد
في الليلة الثانية، حطّ على كلّ قبر، طائرٌ
في الليلة الثالثة، انهمر المطر، حتى الفجر
في الليلة الرابعة، طلعت سيقان، وارتفعت
في الليلة الخامسة، أورقت الأغصان، كلّها
في الليلة السادسة، كانت الأشجار، مليئة بالأعشاش

مدخل

الغيوم، هنا سكرانة.
السفائن، تأتي إلى وادي الظلال
فقط، لتنهض من نوم عميق.

الأرواح الطائرة، في سفولبارد
تغنّي البلوز، صباح مساءٍ.

هل أخبرتكم، أن الرائحة الزكيّة، جاءت من الطوبية.
لست في حاجة، لأخبركم.

Eyes dead straight
Scorched sun
Thick smell of diesel
Two corpses behind the grimy hill

5

Those who laid stones on the dead bodies, have fled
Those who wrote sad speeches, have fled
Those who lamented and wailed, have fled
Those who carried banners to the graveyard, have fled

On the first night roots spread deep in the bodies
On the second night a bird landed on every grave
On the third night rain poured down until dawn
On the fourth night young stems rose high
On the fifth night new leaves sprouted on the branches
On the sixth night the trees were full with nests

PRELUDE

Here, the clouds are drunk
and ships sail into the valley of shadows,
only to rise from deep sleep.

In Svalbard, day and night, hovering souls
sing the blues.

Have I told you this sweet fragrance came from Etwebia?
No, I don't have to tell you.

لقد اخبرتني السلحفاة واخبرني الدبّ والذئب.
أعرفْ، أغنية الثلج.
حين يموت، يذوب.

لا تطيق، ليل سفولبار الأبيض، يا رجل؟!
خفّف، شجنه، بالفودكا أو البكاردي.

خمس عشرة تانكا للصيف النرويجي

كلّ، هذه الغابات
ولا، جناح يحلّق
في الفضاء.
لا غناء
أين، ذهبت الطيور؟!

*

سهل أو هكذا
ظننت، أن أنتظر
على الشاطيء
قاربًا، يُطلُّ من
وراء أفقٍ، أزرق بعيد.

*

مِن، تحت غطاء الرأس
عاليةٌ، أصواتٌ، قطرات المطر.
على الرصيف
تقفز، وتقفز،
كي، لا تدوسها، الأقدام.

*

The tortoise, the bear and the wolf
said to me:
know the song of the snow
when it dies, it melts.

You can't bear the white night of Svalbard?
Pass through its sorrows with vodka or Bacardi.

FIFTEEN TANKA TO A NORWEGIAN SUMMER

So many forests,
yet no wings hover
in the air,
nobody sings
Where have all the birds gone?

*

It's simple
I thought, waiting
on the beach
A boat swinging
beyond the blue horizon

*

Under the hood
raindrops crash
on the pavement
they jump up
to avoid being stepped on

*

ثلاث، تفاحات ،سقطتْ.
الريحُ، تأتي، في اللّيل.
الشجرُ، ينام، في اللّيل.
وراء النافذة العجوزُ، يراقب
اللّيلَ، يقترب.

*

عصيّة، هذه التانكا.
كلّما هممتُ بها
تأخذُني،
أشجارُ الغابة، إلى
أصواتِ أقدامٍ، ناعمةٍ، عجلى.

*

وأنا، أسمعُ الموسيقى
خِلتُ،
أنَّ أزهارَ، جارتي
تسترقُّ، السمع
وترقصُ، في نسيم عزلتي.

*

يدا قوسِ قزح،
ناعمتان، على حائط، المبنى
البنفسجيِّ
ثمَّ يتلاشى حثيثًا،
وراء النافذة.

*

Three apples fall
At night the wind arrives
At night the trees sleep
Behind the window an old man
watches the approaching night

*

This poem is difficult
When I try and write
the forest takes me to
the sound of footsteps
running

*

When I listen to music
I think I can hear
the flowers
of my neighbour
listening and dancing
to the breeze of my solitude

*

Hands of the rainbow
soften the wall
Violet
slowly fades away
behind the window

*

الفتى،
يدندنُ، وهو
يغسلُ، أطباق الطعام.
بين يديه، الرغوةُ
غيمات، سمينة.

*

عشيّةُ جمعةٍ، باردةٍ.
كراةُ صوفٍ،
تتدحرجُ، تحت
قدميها.
المرأةُ، تفكّر،
أين ابتنى الطائرُ عُشّه.

*

سماءٌ، تتقلّب،
بين الأزرق والرمادي.
مثلما، تتقلّب روحي،
بين الشعر والحزن.
حياةٌ، عابرةٌ.

*

هكذا، النسيان.
يأخذ، مني كلَّ شي
غير أنّه، يترك وراءه،
غداً يقف،
على عتبة بابي.

*

The boy
hums
washing dishes
Foam on his hands
A fat cloud

*

A cold Friday afternoon
A ball of wool
at her feet
she worries where
the bird built its nest

*

A sky twists
blue to grey
the way my soul twists
from poetry to solitude
The simple life

*

This is how memory
steals everything from me
and leaves behind
tomorrow standing
at my doorstep

*

لا كأس،
تبلّلُ، شفةَ، هذا الحزن.
سآوي، إلى باديةٍ قَفرٍ،
أو بئرٍ، على فمه،
تجلس، الطيورُ.

*

كأنّي،
أحملُ، نهرَ، حزنٍ.
كلّما، فاضَ، على ضفّتيه ماؤه،
مددتُ يديّ
خشية الغرق.

*

منذ الصباح الباكر
يخذلني بصري.
لا السحبُ سحب
ولا الأشجارُ أشجار.
أحدّق مليًّا في يدي.

*

أكلَّ هذا الحزن
يا عاشور!
حسبُك زفرات
كطيّاراتٍ من ورق
تصعد في هواء فوق هواء.

There is no wine glass
to wet the lip of sadness
I will hide in the desert
or inside a well
Where birds nest

*

As if I carry a river's
agony. To save myself
from drowning, when
the water climbs
I raise a hand

*

Since early morning
vision failed me
Clouds are not clouds
trees are not trees
I stare deeply at my hand

*

What is sorrow,
Ashur? Just breathe
like these kites
that fly high
High, higher

خريفٌ أحمر

منذ، طفولتي الباكرة،
تعلّمتُ، كيف أنظر، إلى الأمور، بطرقة أخرى.
لا توجد، دائرة كاملة، لم توجد أبدًا!

كان عليّ، أن أرفع رأسي، عاليًا.
أن أرى، طواحين الهواء، في البراري تدور،
والفوضى، تغمر الكون.

يا لبراعة، رمّان طرابلس،
كيف جعل الخريف، أحمر!

قصيدة واحدة، شجرة تين واحدة

فقط، قصيدة طويلةٌ واحدة،
فقط، شجرة تين واحدة.

أستمعُ، إلى الفصول الأربعة،
في قرية نائية،

أنا هنا،
أنا هناك،
رجل هرم فحسب
ابتسرَ رحلته.

RED AUTUMN

Since early childhood,
I have learned to look at things differently.
There is no full circle, there never was.

I've had to keep my head held high.
To see windmills in prairies turn,
and chaos taking over the universe.

Overwhelmed by the
pomegranates in Tripoli,
how they make the autumn red.

ONE POEM, ONE FIG TREE

Only one poem,
only one fig tree.

Listening to
the *Four Seasons*,
in a remote village,

I am here,
I am there,
just an old man
who started a journey
unprepared.

أنا هنا،
أنا هناك،
جوّابُ هرمٌ، فحسب،
يقطع كثبان رملٍ، لا حدَّ لها.

I am here,
I am there,
just an old wanderer,
crossing endless dunes of sand.

p. 17 – 'Ghibli':
a hot and dusty wind that blows from the south of Libya
to the Mediterranean Sea.

p. 27 – 'Tawirghaa':
a Libyan coastal city, 40 km east of the city of Misurata.
Most of its 30,000 inhabitants were evicted from their
native city on the 12th August 2011.

p. 29 – 'Al Harith Ibn Hilleza':
a pre-Islamic Arabian poet, from the fifth century. He was
the author of one of the seven famous pre-Islamic poems
known as the 'Mu'allaqat'.

pp. 33, 47, 49, 75 & 89 – 'Etwebia':
a small village, located 25 kilometres west of Tripoli.

p. 51 – 'Tadrart Acacus':
the Acacus Mountains are situated east of the city of Ghat,
Libya, and stretch north from the border with Algeria for
about 100 kilometres. The area has a particularly rich
array of prehistoric rock art.

p. 57 – 'Wadi Kaam':
one of the main valleys in Libya, located about 5 kilometers
east of Leptis Magna.

Ashur Etwebi was born in 1952 in Libya. He is one of Libya's leading poets and is also an editor, translator and painter. Ashur has published nine volumes of poetry and seven volumes of translations, including a selection of Divan Shams Tabriz by Jalal Al-Deen Rumi. *Poems from Above the Hill: Selected Poems* was translated by Brenda Hillman and Dialla Haidar and published in the USA in 2011. Selections of his poetry have been translated into English, Italian, French, Polish, German, Turkish, Serbian and Persian. Since December 2014, he has been living in Norway after he was attacked by extremists and his house in Tripoli was burned down. Before he left Libya, Ashur organised (with Khaled Mattawa), the first ever Tripoli International Poetry Festival in 2012. He also organised the Poems & Cities Poetry Festival that travelled the Great Sahara and the Nafusa mountain, in 2014.

James Byrne is a poet, editor and translator. His most recent poetry collections from Arc Publications are *Places You Leave* (2021) and *The Caprices* (2019). a Reader in Contemporary Literature at Edge Hill University, co-director of EHU Press and International Editor for Arc Publications. He has given readings across the world, including in Libya, and is renowned for his commitment to international poetries.

Byrne is a Reader in Contemporary Literature at Edge Hill University, co-director of EHU Press and International Editor for Arc Publications. He has given readings across the world, including in Libya, and is renowned for his commitment to international poetries. The initial translational work of Ashur Etwebi's poems occurred during a residency for ARTICA in Svalbard, Norway, near the North Pole, in the summer of 2017.